AF196026

Ekatarina Glowna

Die Gedichte der Tugenden

© 2017 Ekatarina Glowna
Illustration: Ekatarina Glowna
http://ploetzlich-alles-bewusst.blogspot.de

Herstellung und Verlag: tredition GmbH, Hamburg

ISBN:
978-3-7439-5535-6 (Paperback)
978-3-7439-5536-3 (Hardcover)
978-3-7439-5537-0 (e-Book)

Printed in Germany

Das Werk, einschließlich seiner Teile, ist urheber-rechtlich geschützt. Jede Verwertung ist ohne Zu-stimmung des Verlages und des Autors unzulässig. Dies gilt insbesondere für die elektronische oder sons-tige Vervielfältigung, Übersetzung, Verbreitung und öffentliche Zugänglichmachung.

Bosheit hat gar leichtes Leben

und scheint schwer reich zu sein

Tugend muss sich erst erheben

doch schenkt die größte Fülle ein

Inhalt

Vorwort 9

Redliche Tugenden 13

Ergebene Hingabe 19

Dienende Demut 23

Anständige Höflichkeit 27

Rühmliche Dankbarkeit 31

Mitfühlende Herzensgüte 35

Herzliche Nächstenliebe 39

Eindeutige Klarheit 43

Genügsame Bescheidenheit 49

Gelassener Gleichmut 53

Zähe Geduld 57

Beharrliche Ausdauer 61

Mutiger Mut 65

Schlaue Klugheit 69

Flüsternde Verschwiegenheit 73

Sprechende Seelenruhe 77

Wahre Weisheit 81

Danksagung 85

Vorwort

Liebe Leserin, lieber Leser!

Sie halten dieses Büchlein in Händen. Es freut mich ehrlich, dass Sie sich dafür entschieden haben. Möglicherweise haben Sie es geschenkt bekommen, dann schätzen Sie die nette Geste eines lieben Menschen. Tauchen Sie ein in die Welt der Tugenden und lassen Sie sich inspirieren.

Das Wort Tugend leitet sich ab von *taugen*, was so viel bedeutet wie: zu etwas nützlich sein. Wer die Eigenschaft einer Tugend besitzt, taugt zum vorzüglichen Menschen. Doch Tugenden genießen derzeit keinen guten Ruf. Eher im Gegenteil, sie scheinen uns das Leben noch zu vermiesen, indem sie uns das wenige Vergnügen, das dieses Leben bereitet, zusätzlich erschwert. Tugendhaft zu leben wird mit Enthaltsamkeit und Verzicht gleichgesetzt. Da kommt nicht gerade Freude auf.
Doch Tugenden können auch anders. Sie weisen den Weg zu wahrhaft reichem und erfülltem Leben. Wer sie gekonnt kultiviert, kann den Weg zur Vollkommenheit beschreiten. Denn Tugenden sind mehr als von der Kultur aufgestellte Regeln, um unsere Triebe zu kontrollieren. Sie sind der Weg-

weiser zu einem sinnerfüllten Leben, das eine ruhige und gelassene Einstellung zu uns selbst und der Welt ermöglicht.

Ähnlich verhält es sich mit Gedichten. Lyrik stand lange im Verruf, sie sei eine Art Herzensangelegenheit verliebter oder trauriger Leute. Hinzu kommt, dass ein Gedicht meist keinen direkten Nutzwert besitzt. Kein Gedicht enthält Tipps wie sie in Ratgebern oder Selbsthilfebüchern zu finden sind. Kein Gedicht lehrt etwas Neues. Kein Gedicht löst Alltagsprobleme.

Gedichte können nur eines: wirken. Sie wirken auf unsere Empfindungen, die im Alltagsleben oft zu kurz kommen. Und zwar auf die eines jeden Einzelnen. Jeder Leser fühlt sich in seiner eigenen Welt abgeholt. Jeder liest den gleichen Wortlaut und fühlt etwas anderes als ein Zweiter. Doch letztendlich dreht sich alles um das eine Thema. Willkommen in meiner Welt.

Gedichte sind für mich der Ausdruck, in eine empfindungsarme Welt mehr Gefühl zu transportieren und das auszudrücken, was mich bewegt. Nicht das Präzise, nicht die Klarheit, nicht der Mehrwert stehen im Vordergrund, sondern die sonst so vernachlässigten Emotionen; die Eindrücke, die sich nicht in Worte fassen lassen, sondern nur erlebt werden können. Gedichte sollen unsere Sehnsucht erfüllen, etwas Großes zu erleben. Sie berühren das Besondere in uns.

Der dritte Aspekt, den dieses Buch anspricht, sind unsere Augen. Die Gedichte werden angeführt von einem Kästchenbild zur jeweiligen Tugend. Diese Bilder zu „malen" sind meine Entspannungsmethode. Sind sie fertig, nutze ich sie erneut, um zur Ruhe zu kommen, indem ich sie einfach ansehe. Mitunter können sie eine meditative Wirkung haben.

Bitte blättern Sie nicht einfach um. Lassen Sie die Farben und Aussagen auf sich wirken, betrachten Sie die Bilder in ihrer Einfachheit, beobachten Sie an sich selbst, wie die Farben und Formen auf Sie wirken, fragen Sie sich, welche Bedeutung die jeweilige Tugend für Sie hat.
Wundern Sie sich nicht über die vielen unbeschriebenen Seiten in dem Buch. Sehen Sie sie als den leeren Raum, der für Ihre persönlichen Empfindungen freigehalten wird oder versuchen Sie sich selbst an der entspannenden Kästchenkunst.
Gehen Sie auf die Reise in Ihr eigenes Inneres.
Ich wünsche Ihnen eine erholsame Auszeit.

Herzlichst Ihre
Ekatarina Glowna

Redliche Tugenden

Was ist das mit den Tugenden?
Eigenschaften, die dich blenden
sie zu haben ist genial
sie zu erreichen eine Qual.

Weisheit, Mut und Ehrlichkeit
Dankbarkeit, Bescheidenheit
Mitgefühl und Nächstenliebe
Hingabe und Herzensgüte
Mäßigung, Demut, Großzügigkeit
Gerechtigkeit, Barmherzigkeit

Tugend, wie soll ich dich werten?
Wenn de facto
Bequemlichkeit, lieb Geld und Neid
viel schneller zu erreichen sind
wo in der Tat
Aggression und Jammerleid
mir täglich zu begegnen scheint.

Es ist um ein Beträchtliches
leichter zu beschweren
sich über Eigenschaft und Tat
wenn Tugend kein Begehren
und jeder Macht zum Ziele hat.

Der Weg zur Tugend
ist nicht spielend
hat schwere Steine im Gepäck.
Wahrlich, oben auf dem Berg erreicht
was keine Menschenseele
sich je zu träumen wagt.

Der Ausblick und das sanfte Schweben
verleihen zauberhafte Flügel
die Geizhals, Lügner oder Schlegel
niemals je sein Eigen nennt.

Die Steine in dem Rucksack wandeln
sich auf dem Pfad nach oben
sich stets in Watte oder Luft
und wenn der blaue weite Himmel
dich dann in seine Arme ruft
dann gibt es nichts mehr zu verhandeln
bleibt nur noch Liebe und ihr Duft.

Doch ehrst du nicht die holde Tugend
wird Stein und Wacker im Gepäck
dich in den Tod hinein begleiten
und auf ewig in dei'm Rucksack weilen.
Deine Lieben werden sagen:
„Klimpergeld und Macht
Ha'n ihm schwer Gemüt gebracht."

Bringst du die Tugend in dein Geben
was werden deine Liebsten finden?
Den Rucksack voller Luft und Watt'
die werden staunen und erleben
was der für leichtes Leben hatt.

Und so entscheide dich, du Narr
nicht fürs bequeme seichte Leben
mit Neid und Missgunst, Hass und Rach'
diese Steine purzeln starr,
und musst dich bald erneut erheben.

Wähl die Steine, die sich zeigen
in Gestalt
von Güte, Mut und Dankbarkeit.
Sie werden wandeln sich am Ende
in Freiheit, Glück und Leichtigkeit.

Dann wirst du wie die Wolken schweben.

Ergebene Hingabe

Ergebene Hingabe

Ich gebe hin, was mir gehört.
Schutzlos und nackt soll ich sein?
Ausgeliefert.
Unbehagt.
Ein Opfer
an einem sagenhaften Tag.

Mich ergeben und verletzlich sein
zwangeshaft im Drecke kriechen
kapitulierend die weiße Fahne hissen

Geben ohne Empfangen
fühlt sich an wie giftige Schlangen.

Doch geb ich nicht, was mir gehört
weg von mir
nur hin zu meiner Liebe.
So werden aus
Gehorsam und Verletzlichkeit
wahre, edle Züge.

Erkenne, wer ich selber bin
vertraue nur dem Leben
sehe, was ich selber will
dann will ich nur noch geben.

Erkenne, was ich selber will
ich wünsche, träume, strebe
und gebe mich gehorsam hin
dem eignen Innenleben.

Vertraue auf
was Gutes ist
falle hin, falle hin
und kann doch niemals
tiefer fallen
als zu
Weisheit, Frieden, Sinn.

Dienende Demut

Dienende Demut

Dienen, sagst du, sei kein Sinn
unterwirfst dich bloß dem strengen Herrn
gibst frei und willig dich ihm hin
tust nichts, was er verlangt so gern.

Dienen, mühen, kämpfen, ackern
ohne Lohn
als Sklave
so macht die Demut keinen Sinn
das Leben nichts als Plage.

Schaust du alsbald genauer hin
das Leben ist dein strenger Herr
dann macht es auch als Sklave Sinn
der Rabe, der erklärt es dir:

Der Rabe hat gar schmerzlich Leben
er sucht und sucht
und findet bloß
Maiskorn um Maiskorn
zu keiner Zeit beachtlich Frucht.

De-mütig dient er heiter
zieht auf die Brut
und sucht und sucht
die Walnuss immer weiter.

Und eines Tages -
unverhofft
geplagt, verletzt
mit müder Seele
da findet er die Nuss im Nest
doch sie ist fest wie Stahl.

Der Rabe jammert, juchzt und schnaubt:
„Oh Herr, ich brauche deinen Rat."
„Sieh hin!", pfeift bloß der öde Wind
„Du selbst bist deines Meisters Tat."

Da tritt der Rabe voller Wut
die Walnuss aus dem Nest
und siehe da, die reife Frucht
er auf dem Boden hinterlässt.

Da hat's der Rabe gleich kapiert:
Ich selbst bin nur mein Herr.
Und dienen wird zur Läpperei
die Demut macht mich frei.

So diene stets der sanften Stimme
die dir leise flüstert
innen
was du tun sollst.
Immer.

Anständige Höflichkeit

Anständige Höflichkeit

Höflichkeit ist eine Tugend
die hatt ich mal in meiner Jugend.
Zwanzig Jahre oder mehr
ist's her
da sagt ich Bitteschön und Danke sehr.

Von rechts nach links bin ich gehüpft
wenn eine alte Dame kam
den Weg entlang
und habe sie gegrüßt.
„Darf ich Ihre Tasche tragen?"
musst ich immer höflich fragen.
Und hat sie dann auch noch genickt
hat „Ja, Dankeschön" gesagt
da war ich leider schnell geknickt
doch hätte ich es nicht gewagt
es nicht zu tun
zu tragen ihr das schwere Stück.

Die alte Dame, die ging vor
vor Freunden, Spielplatz, Fußballtor.
Und später auf der Schaukel im Wind
erzählt' ich die Geschichte
und wirklich jedes andre Kind
erzählte mir das Gleiche.

Der Karl hat seinen Platz verschenkt
im Bus an eine Oma.
Die Lies hat sich den Hals verrenkt
beim Krabbeln unterm Sofa.
Der Paule wollte neulich
im Supermarkte freundlich
drei Dosen holen von ganz oben
für Frau Huthmann-Oberrhoden
da flogen diesem armen Tropf
die Dosen auch noch auf den Kopf.

Ich sage euch:
Die Höflichkeit
ist wirklich eine Tugend.
Die wünsch ich mir, wenn es ist Zeit
als Oma von der Jugend.

Rühmliche Dankbarkeit

Rühmliche Dankbarkeit

Vom Kind zum Mädchen
dann zur Frau
schlug mich das Leben
grün und blau.

Wozu denn dankbar sein auf Erden?
Von Anfang an
ich nur bekam
was ich nicht haben wollte
Schule, Arbeit, Dies und Kram,
half ich immer, wo ich sollte.

Doch nun, nach Tag und Jahr und Tausend Leiden
bin ich so dankbar, dass kann selbst entscheiden
es so zu tun wie ich es will.
Und leb das Leben ich bewusst
da wird es wie des Tauben Ton so still.
Der Dank dafür, den ich verschenke
holt mich zurück ins Hier und Jetzt
sogleich verschließt sich diese Wunde
die mich einst so schwer verletzt.

Mitfühlende Herzensgüte

Mitfühlende Herzensgüte

Die Liebe ist nicht
was du mit Glanz in Augen siehst.
Sie vereinet alle Farben
zu einem gleißend hellen Licht.

Die Liebe höret nicht
die Laute, die dein Ohr berühren.
Sie vereinet alle Töne
zu einem endelosen Gong.

Die Liebe spricht nicht Worte bloß
„Ich lieb dich" aus dem Munde.
Es sind Herzenstöne, die sie spricht
die heilen jede Wunde.

Die Liebe riecht nicht Blütenduft
so fein in deiner Nase.
Sie riecht im Frühling das Erwachen
und im Sommer Nieselregen
im Herbst riecht sie die Blätter fallen
und in der Winterkälte Segen.

Die Liebe fühlt sich auf der Haut
nicht an wie die Berührung.
Sie schenkt wie Mensch sich denken kann
dem Herzen die Bewegung.

Und hat sie dich erhascht, die Regung
dann willst du sie vergeben
an Kind, an Weib, an Elternteil
an Mann und Freund und jedes Wesen.
Dann wirst du fühlen
wie sie dich liebt
je mehr du von ihr gibst.

Herzliche Nächstenliebe

Das Leben, das ist ein Geschenk
für den, der leben will
der sieht das Gute auf der Welt
rot Herz, weich Ton und lieb Gefühl.

Doch was ist alles das schon wert
wenn keiner da, der alles teilt
wenn niemand deine Wunden heilt
und sich ums Herz des andern schert?

Beweg mich, dreh mich, schaue hin
und fühle, was der andre fühlt
so macht das Leben reichlich Sinn
weil keiner mehr so aufgewühlt.

Drum heile ich des Andern Herz
befreie ihn von Gram und Schmerz.
Das Leben schenkt mir nach der Tat
noch reihenweise mehr von dem
was ich dem Nächsten einstmals gab.

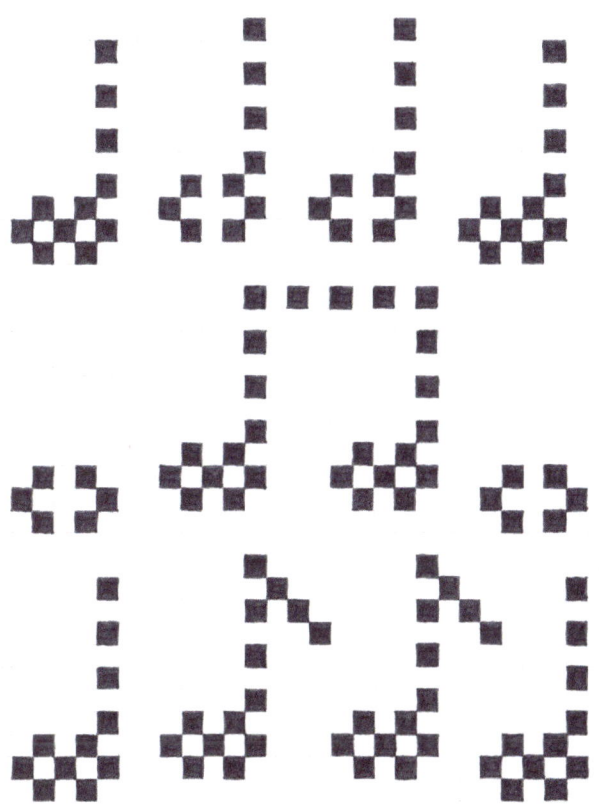

Eindeutige Klarheit

Herr Amsel trällert
früh am Morgen
wenn es noch dämmerig
gemütlich vor sich hin
sein Lied.

Er wartet gar geduldig
aufs Zwitschern seiner Liebsten.
Versprochen hat sie's
gestern spät
beim Dämmern will ich grüßen.

Frau Amsel indes selbstverliebt
noch vor dem Spiegel steht.
Den Schnabel hat sie sich gepinselt
doch das Ergebnis: nicht perfekt.

Herr Amsel trällert
spät am Morgen
als längst die Sonne aufersteht
weiter wunderschön sein Lied
leider schon ganz heiser.

Frau Amsel indes selbstverliebt
noch vor dem Spiegel kniet
das Federkleid fein säuberlich
in Reih und Glied gelegt.

Herr Amsel zwitschert
immer leiser
noch bis zur Mittagsstund
dann fragt er sich voll Einsamkeit:
„Die hält wohl nichts von Pünktlichkeit?"

Frau Amsel indes selbstverliebt
die letzte Runde vor dem Spiegel
sich dreht und wendet wie ein Kind
das Fieder fein geputzt
der Schnabel glänzt.
Sie fliegt schon rüber, viel zu früh
findet einen feinen Ast
schaut sich zu allen Seiten um
und wartet auf die Dämmerung.

Herr Amsel trägt sein Übriges
zum Vogelsange bei
doch seine Stimme nur noch krächzt.
Bei Einsetzen der Dämmerung
ist es mit seinen schönen Liedern
längst vorbei.

Frau Amsel indes selbstverliebt
noch wartet bis es dunkel wird
so lange bis der letzte Ton
verhallt in dunkler Nacht.
Erst als der Uhu sanft erwacht,
begibt sich auf die Futterjagd
fragt sich Frau Amsel voller Einsamkeit:
„Der hält wohl nichts von Pünktlichkeit?"

Am nächsten Morgen
in der Früh:
Herr Amsel trällert Lieder
hat seine Stimme wieder.
Volltönendes Flöten
in tausenden Tönen
zieht er sein Weibchen in den Bann.

„Ich hab gezwitschert und geträllert
die schönsten Lieder
von morgens früh bis abends spät
doch du ließest dich nicht nieder!"

„Ich kam am Abend, wie gesagt
sogar am Nachmittage schon
und hab gewartet auf dem Ast
bis in die schwarze Dämmerung."

Herr Amsel fühlt' sich lächerlich
Frau Amsel hat geweint
sie wolln sich einigen sogleich
welch Dämm'rung ist gemeint.

Genügsame Bescheidenheit

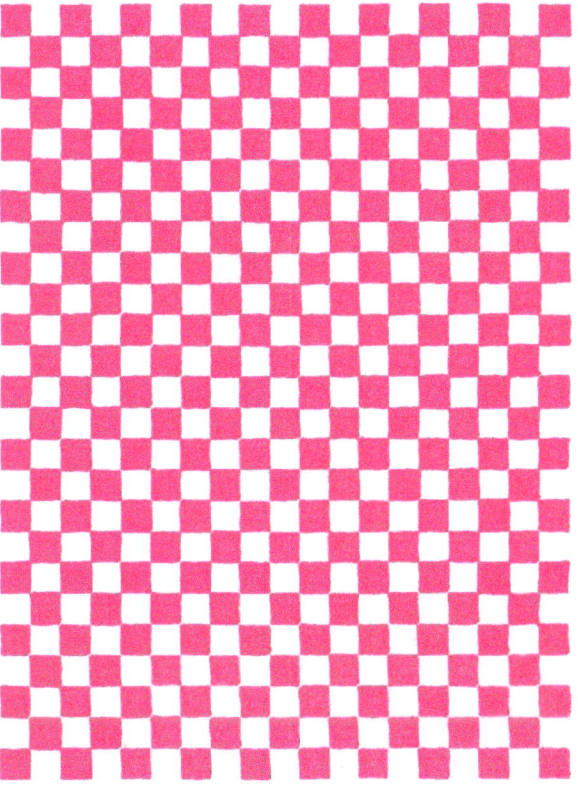

Genügsame Bescheidenheit

Bescheiden wie ich bin
sieche ich spartanisch hin.
Ich sehe nicht Persönlichkeit
in diesem Ton Bescheidenheit.

Bescheidenheit ist dem zu Eigen
der nicht von sich aus hell will scheinen
doch leuchtet, weil er leuchten will;
der nicht von sich aus will erfolgreich sein
und dennoch mächtig ist im eignen Heim;
wer nicht dem Widerstand entgegensteht
dem ist Bescheidenheit die Welt.

Will du groß sein
mach dich klein;
willst du leuchten
tritt in die Schattenwelt hinein;
tu, was du nicht lassen kannst
genieße deinen eignen Glanz
und flüster's niemandem ins Ohr
dann tritt Bescheidenheit, sie ist nicht weit
ganz voll alleine hell hervor.

Gelassener Gleichmut

Verwechsle nicht Gleichmut
mit Gleichgültigkeit.
Wen Gleichgültigkeit ereilt,
der hat im Nest nicht mutig verweilt.

Gleichmut ist Gleichmut
Gleichmut ist gleich Mut
Gleichmut istgleich Mut

Gleichmut
ist
gleich
Mut

Nimm mutig an, was dich ereilt
Leidenschaft und Traurigkeit.
Stell dich mutig dem entgegen
was die Welt hat dir zu geben:
Singen, Lachen, Tanzen
Ekel, Abscheu, Wanzen
Torte, Zucker, Fingerhut
schwarze Tinte, heiße Glut.

Gleichmut
ist
gleich
Mut.

Zähe Geduld

Geduld ist aller Mühsal Zeit
Zeit, die niemand hat
niemand haben will
Zeit, nicht zu ertragen.

Geduld ist aller Mühsal Leid
das es zu ertragen gilt
jede Blume, jeder Baum
und jeder, der was denken kann
muss warten bis die Zeit wird kommen
und vergessen ist das Leid.

Urplötzlich dann
von jetzt auf gleich
ganz unerwartet naht heran
was hinter der Geduld verborgen.

Nur wer geduldig warten kann
wird buntes, frohes Glück erleben
vergessen aller Mühsal Leid
wird Frohsinn sich erheben.

Beharrliche Ausdauer

Beharrliche Ausdauer

Ein Zauber fällt
wenn es beginnt
vom Himmel
auf mich nieder.

Doch weiter, weiter
immer wieder
nicht Eins, nicht Zwei
nur Vierzig Mal
dann erst fällt
wenn es begonnen
das Wunder auf mich nieder.

„Bleib dran", das sag ich mir
und geh
noch einen Schritt
und weiter
weiter
noch ein Schritt
weiter
zweimal
viermal
vierzig Schritt
werd ich merken:
was begonnen
wird belohnt.

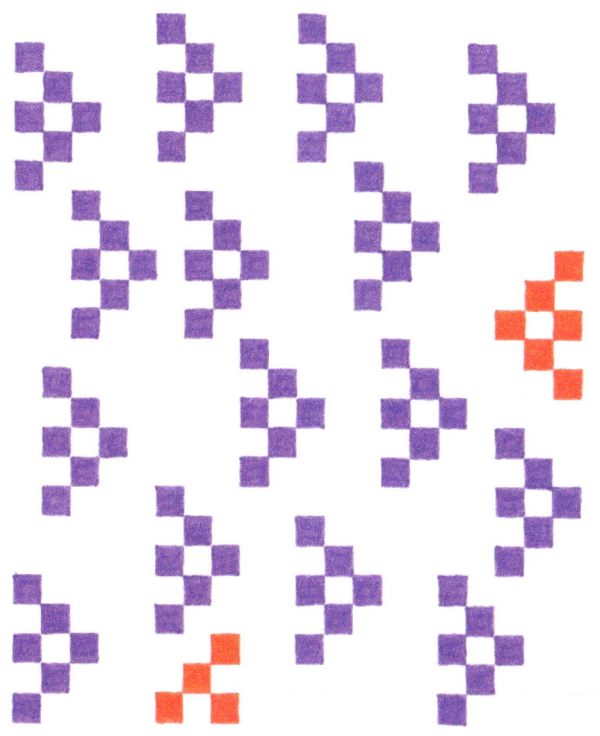

Mutiger Mut

Mut
traut sich was
riskiert ein Wort
geht fort
scheut nicht das kühle Nass.

Mut
bleibt stehen
wenn andre gehen.

Mut
geht durch
den dunklen Tunnel
und wenn das Ende noch so weit
schaut immer hoch zum Himmel
auch wenn die Erde bebt.

Mut
schreit laut hinaus
was ihn bewegt
und wartet nicht geduldig
bis es vorüberzieht.

Mut
riskiert die große Tat,
die nie zuvor ein Mensch gewagt.

Mut
fehlt einstweilen
wenn er gebraucht
doch alle Wunden werden heilen
dann taucht er wieder auf.

Mut
wünscht sich von der Angst,
dass sie ihm weiche.

Mut sagt Nein!
Mut geht einfach weiter.

Schlaue Klugheit

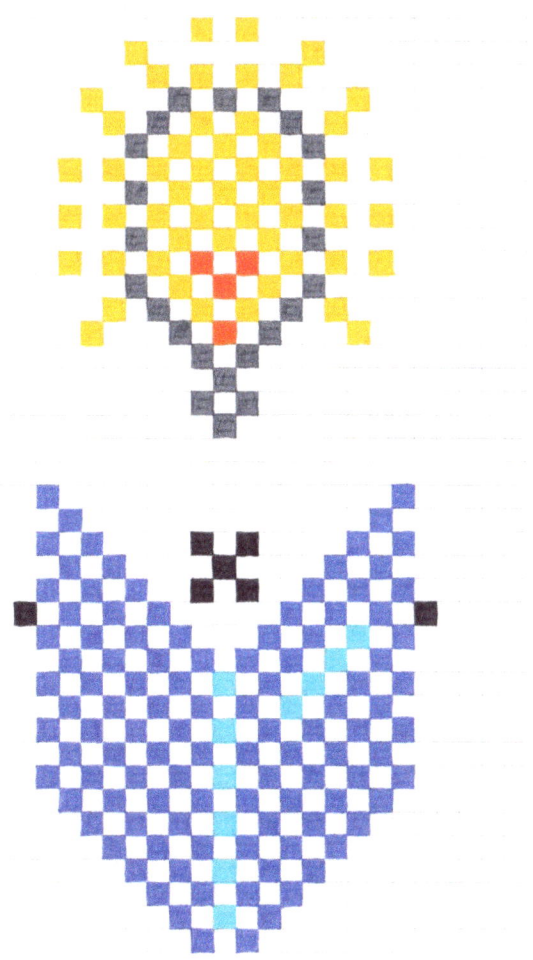

Schlaue Klugheit

Klugheit denkt
bevor sie spricht
sie denkt
bevor sie niederschreibt.
Klugheit denkt
bevor der Neid
sie eiseskalt erwischt.

Klugheit denkt
bevor sie schreit
sie denkt
zu jeder Tageszeit.
Klugheit denkt
bevor die Sucht
sie eiseskalt erwischt.

Klugheit denkt
bevor sie schlägt
Klugheit weiß
wie sehr sie prägt.
Klugheit denkt
bevor der Zorn
sie eiseskalt erwischt.

Klugheit denkt
bevor sie wandelt
sie denkt
bevor sie geht.
Klugheit denkt
bevor die träge Stund
sie eiseskalt erwischt.

Klugheit denkt
bevor sie fällt
vom Hochmut tief ins Tal.
Klugheit denkt die ganze Zeit
sie denkt,
bevor sie denkt.

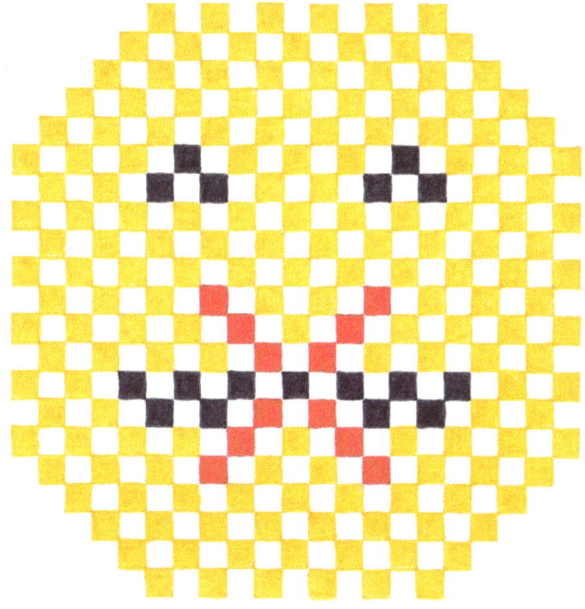

Flüsternde Verschwiegenheit

Was niemand von mir
wissen soll
das trage ich nicht
weiter.

Was mir ward anvertraut
behüte ich
ganz stumm.

Was Freund mir im Vertrauen
spricht
behalt ich allezeit für mich
und wenn ich nicht ertragen kann
des Geheimnis' Traurigkeit
dann lauf ich zu dem Freunde hin
und klage ihm mein Herzeleid.

Sprechende Seelenruhe

Ich suche
Seelensprache meines Herzens
das Unsagbare auszudrücken.
Ich versuche
Zweifel, Zwang und Feindesland
abzuschütteln.
Was bleibt
ist mir ein stummer Schrei
der Rückzug und die In-mich-keit.
Wie find ich was ich suche?
Seelensprache meines Herzens
Unsagbares auszusprechen
Ich suche und suche.
Nichts bleibt.

Die Seele ist mein zartes Pflänzchen
wie ein junges Fichtchen
tief im Wald.
Wenn ich aufbrech, sie zu suchen
finde ich sie in Gestalt.
Doch ach o weh was sehe ich:
Reh und Hirsch und wildes Schwein
trampeln auf ihr rum.
Die zarten Nadeln brechen
Seele hängt so krumm.

Der Förster hat im Regen
gesehen wie sie hängt
und sprüht ein bisschen Segen
rund um sie herum.
Nun kann sie endlich wachsen
kostbare Seele, kleines Fichtchen
ohne dass die Bärentatzen
ins Gesicht ihr wischen.

Ich spür wie prächtig meine Seele
langsam ihre Worte find't
Worte die gelegen sind
Unsagbares auszusprechen.

Und am Ende ist sie groß
hat gefunden was gesucht
Seelensprache meines Herzens
für Unsagbares Worte find
Worte, die gelegen sind
Reh und Hirsch und wildes Schwein
fernzuhalten von den Zweigen
Seelenruhe mein.

Wahre Weisheit

Weisheit ist da.
Weisheit liest nicht
sie schreibt nicht
und erzählt nicht.
Weisheit ist weit weg.
Sie lässt sich nicht einholen
folgt keinem Befehl
wird niemals gestohlen
hat nur ein Quell.

Du kannst überblicken
was sie zu erzählen
wenn du nur die Quelle findest
in dir, ganz tief, im eignen Leben
deine Schranken überwindest
dann zeigt sie dir
was du musst wissen
leuchtet über allen Flüssen
bis du erkennst im hellen Schein
von Sonnen und von Monden
dass Weisheit Wahrheit scheint zu sein
die alles Wissen
in sich selbst vereint.

Herzlichen Dank

Der Dank gilt Dir
mein lieber Rezipient
ja Dir, es bedeutet mir so viel.
Nur du hast es geschafft
dass dieses Büchlein hier
seine geschätzte Achtung fand.

Und Danke sag ich ebenfalls
an die Lieben, die die Meinen
mir Tag und Nacht und mittags auch
sind beigestanden gleicherfalls.

So nun genug der Lobesreden
ich hoffe, dass wir wiederlesen
uns bald beim nächsten Mal.

Zeitfracht Medien GmbH
Ferdinand-Jühlke-Straße 7
99095 Erfurt, Deutschland
produktsicherheit@kolibri360.de